# INITIATIVE

# INITIATIVE

## LIANE ANDRESEN

© 2021 Liane Andresen

Verlag und Druck: tredition GmbH, Halenreie 40-44, 22359 Hamburg

ISBN Taschenbuch: 978-3-347-25723-8
ISBN Hardcover: 978-3-347-25724-5
ISBN e-Book: 978-3-347-25725-2

Der Mensch - ein Teil der Schöpfung
Nur der Mensch verfügt über
den Freien Willen!

Wir unterscheiden
den Stammeswillen,
Traditionellen Willen und
den Göttlichen Willen.

Wenn der Mensch zu denken
beginnt und die Welt kennenlernt,
entwickelt sich der Stammeswille.

Folgend entwickelt sich
der Traditionelle Wille.
Dieser wird von den
meisten Menschen während
ihres Lebens gelebt.

Entscheide ich mich für den
Göttlichen Willen mit all meinen
Sinnen, meiner Intuition und
integriere mich in die Gesetze
der Schöpfung, so entscheide
ich mich für mich.

∞

So kann ein Tag beginnen...
Die Nacht ist vorbei, der Morgen hat
schon die Vögel vorausgeschickt.

Die Menschen schlafen noch...
Die starken Energien der Nacht
haben gewirkt.
Es ist so schön, den reinen Morgen
zu genießen, in frischer Luft und
unserer freien Natur.

Jetzt trete ich auf den Balkon
hinaus und denke nach,
ich atme den unberührten Morgen
tief ein mit all seinem Sein.
Lasse meinen Blick schweifen und
erfasse das intensive Grün.

Doch da - ein Eichhörnchen.
Es greift mit seinen kleinen Händchen
etwas Nahrung und ich sehe wie es
diese in seine Backentaschen schiebt.

Dann hüpft es ganz vertrauensvoll
auf die anderen Äste und sucht
ungestört in seinen possierlichen
Bewegungen weiter.

Es vertraut den Menschen und kommt
bis auf den Balkon, obwohl es schon oft
von den Menschen enttäuscht wurde.
Jedoch es lässt sich „führen", sehr
unbeschwert geht es seinen
Handlungen nach...

So wie die Tiere, sollten auch die
Kinder - unbeschwert sein.
So sollten sie in ihrer Gelassenheit
bleiben dürfen - auf ihrem Weg.

Das ist der Spirit, der sie führt.
Die linke Gehirnhälfte arbeitet im
Einklang mit der rechten.

Sie riechen Unangenehmes und lassen los.
Sie sehen und fühlen und wenden sich ab.
Sie sehen den Erwachsenen in die
Augen und erkennen...

Ich folge meinem Inneren und trete „zurück" -
in den von mir gewählten „Raum".
Der Tag hat begonnen...

∞

Hallo, mein geliebter MENSCH!
Nicht Du um der Liebe Willen,
sondern um DEINETWILLEN... diese Liebe.

Weil ich DICH lieben muss.
Weil Du bist wie Du bist.

Ich spüre Dich, wenn Du lachst
und wenn du weinst.
Ich spüre Dich, wenn du traurig bist und
wenn du nicht traurig bist.

Ich spüre Dich, wenn
Du unglücklich bist.
Ich spüre Dich, wenn Du umherirrst
in der Hoffnung, dass Du
bald eine Antwort findest -

Ich spüre Dich bei Tag und
ich spüre Dich in der Nacht.

Ich spüre Dich und bin Dir nah'
wenn Du an mich denkst und -
w i e Du an mich denkst.

Ich spüre Deine Liebe in meinem Herzen,
doch ich spüre auch
Deinen Schmerz in Deinem Herzen.
In Deiner Seele und ich spüre
diesen Schmerz in Deinem Körper.

Ich spüre Deinen Kampf
wie Du Dich fragst, wo gehöre ich hin?
Was soll ich tun?
Ich spüre Dich wie Du Dich verbiegst -
und wie Du nur noch daliegst...

Mein geliebter MENSCH!
Ich wünsche Dir, dass Du Dich
Dir mehr und mehr näherst.

Ich wünsche Dir, dass Du Deine Mitte findest...

Ich wünsche Dir, dass du den Ruf
deines Herzens nicht überhörst.
Ich wünsche dir, dass du an Dich
glaubst und weißt wer Du bist.

Und ich wünsche Dir, dass du stark genug bist,
damit Du Dir erlaubst, Dein Leben zu leben.
In Liebe...

∞

Ich schaue auf des Liebsten Gabe
woran ich mich kann labe.

Ich schau in mein Herz –
dort ist manchmal ein Schmerz.

Dann wieder Liebe... und Gefühl –
ganz kurz nur – es ist schon wieder still.

Leben besteht aus Geben und Nehmen.
Doch wo ist das was ich mir kann nehmen?

Die Tür ist zu – doch schau ich noch mal hin –
kann's sein, dass ein Lichtschein durch
einen kleinen Spalt zu sehen ist für mich darin –
dann sag ich dir ein Dankeschön...

∞

Ich habe die Liebe
Du hast die Angst.
Angst vor der Liebe,
vor ihrer Berührung -
vor ihren Gefühlen.

Denn in ihr bist Du machtlos.
Sei denn, Du lässt sie los -
die Angst.

Und nimmst diese Liebe...
Sie ist das Leben - sie ist die Power -
sie ist Lebensfreude - sie ist Lachen.

Spielen, kuscheln - sie ist Erwachen
nur mit ihr können wir
etwas Lebendiges vollbringen -
nur mit ihr kann es uns gelingen.

Sie ist Gottes Liebe
und befindet sich im Herzen,
sie lässt uns alles machen.

Die Liebe löst sie auf - die Angst.
Die Angst aus ihren Gittern.

∞

Nenn' es Liebe oder Wahnsinn

oder Lust auf Frieden,

Einheit von Gefühlen

das Klopfen des Herzens,

das heiße Durchfluten...


Die innere Stimme macht reich -

ich sollte ihre Früchte tragen...

Sonst ist es nur eine Ansammlung

von Ereignissen, die wir in uns tragen.

∞

Liebe zu mir selbst,
Liebe zu meinen nächsten.

Wege zur Selbst-Heilung im Einklang
mit mir und der Schöpfung.

Ihre schöpferischen Gesetze in
Selbst-Disziplin achten und ehren.

Alle Entscheidungen
Leben-Bejahend für mich treffen.

Es bedarf der eigenen Fähigkeit,
Fertigkeit und hoher Akzeptanz
meiner Persönlichkeit, um das
Leben in Harmonie mit mir und
anderen zu führen.

∞

Es gibt nicht irgendeine Wirklichkeit
als die, die wir in uns tragen.

Darum leben die meisten Menschen
so unwirklich, weil sie die Bilder
außerhalb für das Wirkliche
halten und ihre eigene Welt in sich,
gar nicht zu Worte kommen lassen.

Man kann glücklich dabei sein.

Ich weiß nicht, wie anderes Glück ist.
Ich bin glücklich so in dem Maße, wie
meine Seele dieses Glück leben kann.

Wenn ich genau hinsehe,
spüre ich, dass noch etwas fehlt.
Mein Lachen, es ist noch nicht frei.
Wie ich lache! Wie lache ich?

Ja, wenn ich mich genau beobachte,
erkenne ich, dass meine Brust beim
lachen immer noch schwer bleibt.
Schwer, das heißt, ich kann
nicht richtig durchatmen.

Das heißt, meine Seele ist nicht frei -
ich bin nicht frei.

*Atmen ist doch wichtig für mein Leben.*
*Richtig atmen ist das Lebens-Wichtigste.*

*Doch so lange wie ich das nicht fühle,*
*ist meine Seele nicht befreit vom Leid.*

*Erst wenn der Mensch einmal seine*
*befreite Seele in seinem Körper lebt,*
*dann hat der Mensch erkannt-*
*dann hat er nicht die Wahl mehr,*
*den Weg der meisten zu gehen.*

*Das ist das Gesetz der Folge.*
*Das Gesetz der Schöpfung.*

∞

So wie du denkst
So wie du lenkst

So wie du sprichst
So wie du bist

So wie du dich bewegst
So wie du dich regst

So wie du dich legst
So wie du schläfst

So wie du lachst
So wie du machst

So lauscht mein Herz
und spürt, wie es dich liebt

In der Nacht und
auch am Tag
mein Leben lang

∞

Liebende lassen sich
von nichts und
niemandem trennen.

Denn der Liebe kann
niemand entrinnen.

Sie lebt in uns und
macht uns stärker.

Sie bleibt in Fluss -
und wer davon nimmt
bekommt einen Kuss.

Und wer davon trinkt,
der wird genesen
an und in seinem Wesen.

∞

Ich spüre diese wunderbare Liebe in mir -
zu dir - ganz besonderem Menschen.

Durch uns - tragen wir sie hinaus -
zu jedem Menschen,
jedem Tier, jeder Pflanze...

Wir lieben unser ganz Besonderes
und das ist das Besondere.

Diese Liebe durchströmt uns -
unsere Körper.

Sie ist die Energie allen Lebens.

Wir sind eins in unserem Sein -

spüren die Unsterblichkeit unserer Seele.

∞

*Alle Menschen sind gleich und –*
*jeder Mensch ist einzigartig.*

*Wir leben das Gesetz der Folge*
*auf der Seite der Leben-Bejahung*
*sowie auch der Selbst-Zerstörung.*

*Wir achten und ehren die*
*Einzigartigkeit jedes Menschen.*

*In seinem Willen, seinen Gefühlen und*
*seinem derzeitigen Verstehen der Welt.*

*So verlangt es die Schöpfung in ihrer Allmacht.*

∞

Stehe ich auf, kann
ich nach vorne schauen

Bewege ich mich,
bewege ich etwas

Spüre ich die Liebe
in mir, kann ich Liebe
geben und empfangen

Habe ich die Liebe gewählt,
habe ich das Leben gewählt.

∞

Ich passe

mehr auf

mich auf

und

lasse

Verletzungen

nicht

zu.

∞

Hallo Du Lieber, ne kleine Mail ist noch dabei,
die Dich erreicht, bevor Du um die Ecke schleichst...

Das andere gehört ins Ohr, ich freue
mich danach und auch davor.

Wie schön, dass es Dich gibt hernieden,
was war mir eigentlich vorher beschieden?

Ich vermisse Dich schon jetzt der Daus,
schon ist es mit der Freiheit aus.

Jetzt gibt's sie im Paket frei Haus -
mittlerweile kenn ich mich nicht mehr aus.

Es sind die Spiele der Elfen aus der Mär,
die kenne ich soooo sehr,

aus Büchern und aus Bildern -
nur dort lassen sie sich anders schildern.

Und jetzt sind meine Gefühle soooo weit -
sie geben in mir die Fülle der Zweisamkeit.

Nun ist´s genug der Zeilen für die nächste „Stunde"
Ich freu mich sehr auf unsere nächste Runde....

∞

Lasst es nicht zu, dass Euch jemand
Schmerz und Verletzung zufügt.
Was nicht zu Euch gehört,
davon wendet Euch ab.

Ihr seid nicht verantwortlich dafür,
das Seelenheil der anderen zu
verantworten, wenn sie nicht wollen.

Schaut ob der Schmerz in einer
Begegnung überwunden werden kann,
zu etwas Besserem führt oder ob er zerstört.

Aus Schmerz kann große Stärke wachsen,
doch nur wenn er vorbei geht.
So wisst Ihr auch,
dass Ihr niemals berechnen dürft.

So vergebt denen,
die diesen Schmerz zugefügt haben.
Ist der Schmerz erst vorbei,
leuchtet das Licht heller als je zuvor.

Verabschiedet in Liebe den Schmerz,
der in Euch wohnt und verabschiedet
in Liebe die Menschen, die
den Schmerz in Euch verursachen.

∞

Was schwer ist, ist nicht einfach.
Was Schmerz ist, ist nicht Freude.

Doch Auferstehung ist nach Tod.
Und viele Male ist Tod.

Doch die Auferstehung ist
Anfang und Weg.
Manchmal ins Ungewisse,

doch der Glaube hilft.

Der menschliche Geist
spricht dagegen,
doch der Glaube ist,
auch wenn er nicht
gleich abrechenbar,
so doch die Erfüllung.

Der Weg zu Dir, zur Liebe, zur Schöpfung!

Ich danke Dir für das Vertrauen,
dass Du zu mir hast.

Jedoch auch für das, was Du noch nicht hast.
Auch wenn ich manches Mal in meinen
Worten schwanke.
Doch sind sie fest.

Nur das Momentane,
das Gefühl des Moments,
das mich ereilt,
dass ebenso noch nicht
greifbar bisher für mich war...

... jedoch bin ich durch viele
Male Sterben gegangen und
die immer bestehende Frage
nach der Tiefe des Grundes und
des Sinnes des Lebens
hat mich gehen lassen.

Ich weiß, dass ich gehe und
ich gehe mit Dir und ich weiß,
dass ich weit gehen werde
und nicht diese Angst
mehr vor dem Gehen habe -
zu Dir...

∞

Die Zeit ist schnell.
Es ist der Zeitgeist -
der Geist der Zeit.

Er fordert von uns
allumfassende Bereitschaft -
großen Selbstschutz und
nicht für alles offen zu sein.

Herzensliebe,
die Stimme von innen -
gehen wir ihr nach.

Sie ist die Basis des
allumfassenden Heilens
des Blauen Planeten
und ihrer Bewohner.

∞

Noch immer spüre ich den von
Liebe getragenen Duft deines
dürstenden Körpers.

Noch immer spüre ich
meine Hand in der deinen.

Noch immer spürt mein
liebend Herz das deine -
nur noch ein wenig verletzt.

Noch immer spüre ich
deine starke Liebe sehr tief
in meinem sinnlichen Körper.

Und alles ist eins getragen
von der Reinheit und
der göttlichen Ewigkeit
stärker als alle Tage zuvor -

Danke, dass ich das
leben darf, diese ermächtigte
Liebe erleben darf.

∞

Ich lasse die Gedanken fließen -
zur Vereinigung...

Wer hat sich eigentlich vereinigt?

Die Natur hat sich nicht vereinigt-
sie lässt sich niemals trennen.
Ist das so?

Die Flüsse fließen mit derselben Kraft
in dieselbe Richtung.
Ist das so?

Die Tiere ziehen dorthin, wo sie sich geborgen fühlen.
Der Wald wird zur gleichen Zeit im Frühling grün und
bunt im Herbst.

Die Erde trägt sie alle, Pflanze und Tier und Mensch.
Menschen, nur sie trennen und vereinen sich,
von jemandem und von etwas.
Wie oft schon? Wie oft noch?

JEDOCH werden wir getrennt - eine völlig neue
Situation. -
Wir stellen uns ein - oder nicht...

W

Menschen ergreifen die Macht - um andere zu
beherrschen,
um sie zu manipulieren!
Warum lassen es so viele, zu viele Menschen zu?
Warum wehren sie sich nicht?

Sie brauchen doch einander - und lassen sich trennen?
Es schmerzt doch sehr, die Seelen schreien...
Der Schmerz im Herzen - der Mensch - beutet aus,
er wird stumpf - und stumm - und krank.

Dann - auf einmal - sie sind wieder vereint,
wieder vereint - worden.

Die Menschen ...    - die Macht...    - die Vereinigung...

Sie erkennen sich wieder - oder nicht!
Sie haben sich verändert.
Es hat sich alles verändert.
Es ist ein Auf und Nieder -
passt es noch?

Die Menschen tasten sich vor und tasten sich ab.
Sie ändern und verändern sich - oder nicht ...
Sie trennen sich - wieder - oder nicht ...

Die einen, die sich trennen, verlieren einander -
die anderen, die sich nicht trennen, gewinnen
einander.
Werden stark und stärker - und sind die lichte Macht -
die alles zum Wohle verändern lässt.

So haben sie es selbst entschieden - die Menschen.
Sie öffnen ihre Herzen - es klingen die Lieder,
sie spielen und tanzen - und lieben sich wieder ...
Die Seele hat Ruh´!

Wieder mal vereinigt ...
Der Mensch hat den Freien Willen.
Der Mensch hat die Macht oder die Ohn-Macht.

Die Welten trennen sich nicht - so oft.
Alle sind aufgefordert - zum Gleichgewicht,
zum Zusammenhalt der Planeten,
zur Gleichberechtigung von Licht und Dunkel.
Von Dualität in Selbst-Bestimmung der Menschen.
Wer fordert sie auf?

Die uns schon lange bekannte,
jedoch noch wenig uns bewusste - ALL-MACHT.
Die Schöpfung allen Seins, doch stets
mit ihr im Frieden zu sein.

∞

Ich liebe Dich so wie Du bist und
so wie du immer sein wirst.
Geliebt und verstanden werden
ist das größte Glück auf Erden.

Nach getaner Arbeit lege ich
mein müdes Haupt vertrauensvoll
auf mein weiches Kissen und fühle…
So sehe ich die Wahrheit,
die mich zu dir gebracht.

Das DANKE an Dich und der zarte Kuss
der Berührung in der nahenden Nacht,
der unsere Seelen über die höchste
Ebene dieser starken Liebe für immer
zusammen sein lässt.

Doch nach allem was die Nacht erbracht,
erscheint uns plötzlich der reine Morgen,
an dem wir erwacht und alles
Vergangene ist gelöscht.

Die Sonne sendet uns ihre Strahlen,
nehmen wir sie doch in Empfang und
wärmen uns an ihr.

So sehen wir dem neuen Tag
Entgegen; mit offenem Herzen
sind wir bereit, um uns
auf das Neue einzulassen.

Manches Mal sind die Berge
für uns kleiner und
manchmal sind sie größer...
die es an vielen Tagen und
Nächten zu überwinden gilt.

Doch die Herzens-Liebe ist die
stärkste Macht - leben wir sie.
Sie beflügelt uns zu nicht
gelebten Höhen und
vertrauen wir ihr,
denn sie betrügt uns nicht.

∞

Die Welt da draußen ist oft laut und wild.
Alles scheint sich zu beeilen.
Niemand nimmt sich Zeit zu weilen.

Es ist, als wären unsere
Wurzeln ausgerissen
und jeder kann uns sagen,
was wir tun und wissen müssen.

So verlieren wir uns im Sturm der Zeit.
Wir können nichts mehr hören,
weil jeder nur noch schreit.

Die Engel flüstern zart und leise,
zeigen uns auf ihre Weise
den Weg zu uns zurück.

∞

Spätestens dann,

wenn der Mensch

seine physische

Entwicklung

abgeschlossen hat,

sollte er sich öffnen

und sich somit

die Gelegenheit geben,

seine spirituelle

Entwicklung fortzusetzen

∞

Ich habe ein Teil des Tagewerks vollbracht
und schließe kurz nur meine Augen.

Was sehe ich?
Ich sehe vor mir die Kinder.
Sie alle schreien nach der
Liebe aus einer anderen Welt.

Nicht aus der Welt der „schönen Dinge".
In dieser sind sie nur gefangen.

Nein, sie brauchen Größeres!
Die Welt der Liebe ist ihr Verlangen.

Ihr Schrei hallt immer wider.
Spürt ihr nicht, wie es in euch gellt?

Es wird euch doch gelingen,
die Liebe der Kinderherzen zu spüren
und - zu ihr zu gelangen.

Denn so nur könnt ihr die Kinder
auf ihrem Weg begleiten, so soll es sein!

Der Kinder Wünsche sind so klein.
Ihr seid es, die sie größer werden lassen.

Werdet wieder Kinder, fühlt euch hinein!
Nur so könnt ihr der Kinder Eltern sein.
Die Kinder sind dann erst wieder rein,
wenn ihr es lebt, mit euch im Frieden zu sein.

Die Regeln und die Gesetze,
von Menschen sind gemacht.

Sie sind nicht der Liebe Schätze -
die sind von Gott gemacht.

Sie sind die Essenz allen Lebens.
Das sind die Gesetze der Natur.

Sie sprechen von Geben und Nehmen,
jedoch alles im Geistigen nur.
So öffnet euch für das Leben.

Es besteht aus Geist und schönen Dingen.

So teilt ihr die Freud` und auch das Leid,
erlebt der Kinder Wunder und seid
zum Lernen von unseren Kindern

zu jeder Zeit bereit!

Ich öffne die Augen und sehe diese schöne Welt,
für die es sich lohnt, damit das Leid sich auch erhellt.

∞

Ich bin bei dir,
reist du auch noch so ferne,
du bist mir nahe.

Die Sonne sinkt, bald
leuchten mir die Sterne...

Die Sonne scheint
im Wechsel für uns und
all die anderen in der Ferne -

Wir vollbringen unser
Tagwerk in der Stille,
so dass es eindringt
in die Herzen und ihr Wille.

∞

Ich sende dir einen der
letzten Sonnen-Strahlen,
der sich für uns hinter den
Bergen versteckenden Sonne.

In wenigen Minuten macht sie Platz
für die kalte so dunkle Nacht.
Der Schein des Mondes
reflektiert den Schnee.

Der Winter - er schafft Platz für Neues.
Er sorgt für Ablösung vergänglicher
Materie, die sich dem krankmachenden
„Ungeziefer" verbunden fühlt.

Das ist die Dunkelheit.
Auch sie ist dem Gesetz
unterworfen und weicht dem
immer heller werdenden Licht.

∞

ALS

KIND

WIRD

DER

MENSCH

WELTMEISTER

IM

VERDRÄNGEN ...

∞

DER LIEBE GOTT

HAT UNS

DIE AUGEN

VORNE GEGEBEN,

UM NACH VORNE

ZU GEHEN

∞

DIE

KUNST

DES

LEBENS

IST,

DEN

FLUSS

DES

LEBENS

ZU

ERKENNEN

∞

DIE

ENERGIE

IST

DER

LEBENSSAFT

DES

GEISTIGEN.

DAS

BLUT

IST

DER

LEBENSSAFT

DER

MATERIE.

∞

ERKENNEN

PROZESS


VERÄNDERN

PROZESS


VERINNERLICHEN

PROZESS


LEBEN


∞

WER

HILFT

WO

FÖRDERN

REICHT,

MACHT

SICH

STRAFBAR

∞

ERWACHSENE

LEBEN

IN

IHRER

WELT

-

KINDER

IN

DER

IHREN

∞

LASST

DIE

KINDER

DAMIT

DIE

KINDER

GELASSEN

SEIN

KÖNNEN

∞

Zeitfracht Medien GmbH
Ferdinand-Jühlke-Straße 7
99095 Erfurt, Deutschland
produktsicherheit@kolibri360.de